시작

始作은
詩作을
詩作하길

詩作이다
始作하다
……

유경화 시집

시작

초판인쇄 2024년 10월 1일
초판발행 2024년 10월 15일

지은이_ 유경화
발행인_ 이현자
발행처_ 도서출판 현자

등　록_ 제 2-1884호 (1994.12.26)
주　소_ 서울시 중구 수표로 50-1(을지로3가, 4층)
전　화_ (02) 2278-4239
팩　스_ (02) 2278-4286
E-mail_001hyunja@hanmail.net

값 11,000원

ISBN 978-89-94820-99-6　03810

유경화 시집

시작

도서출판 연자

시인의 말

간호사로 37년간 재직 후

환갑을 맞이하는 나이에
모든 것을 새로 시작(始作)해 본다

시작(始作)은 시작(詩作)이다
시작(詩作)을 시작(始作)하니

시작(詩作)하길 정말 잘했다

그동안 가족과 동료 이웃과 함께
살아온 소중한 삶에 감사를 담은
꾸준한 시작(詩作)으로
아름다운 꽃에 나비가 춤추고
무성한 나무에 새가 노래하는
축제의 삶을 꿈꾸어 본다

2024년 10월

유경화

차례

Ⅱ부/ 소나무와 진달래

Ⅲ부/ 봄아, 안녕

Ⅳ부/ 시간의 고삐를 풀어놓고

Ⅰ부

아기 고래의 꿈

아기 고래의 꿈

첨벙첨벙 힘찬 발차기와
푸우하아 숨쉬기 배우니
앞뒤로 팔 돌려 물잡기 배우고
물속에서나 물 밖에서도 맹연습
미끈한 몸매를 뽐낸다

지칠 줄 모르는 아기 고래
먼바다를 꿈꾼다

행복한 강아지

하늘은 꾸물꾸물 끄느름하게 드러눕고
시계추도 쉬어가는 주말 오후
느닷없이 젓가락처럼 수직으로 꽂히는 빗줄기
하늘 가득 시원하게 퍼지는 젓가락 행진곡
게으른 대지를 깨우며 흙냄새 폴폴 날리니
살짝 열어 놓은 창문 따라 끙끙끙
살랑살랑 꼬리치는 강아지 된다

다음 날 이른 아침
그림자 지도처럼 군데군데 남은 촉촉함과
유리 대롱 쨍그랑 부딪히듯 투명한 풍경
눈동자에 깊이 박혀 시리도록 찌릿한 햇살
풀 섶이 채 마르기도 전 영롱한 산책길
강아지풀에 부서지는 햇살 담은 풀냄새에
끙끙끙 꼬리 흔드는 강아지 된다

한강 둔치의 금요일 오후

번잡한 한 주의 일상을 마친 금요일 오후
푸른 강물이 고요히 흐르는 한강 둔치
햇살과 바람 그리고 잔디의 포근함
몸과 마음의 피곤함은 강물 따라 흘러가고
평화로운 휴식 속에 하루가 녹아드네

자판기에서 즉석요리한 편의점 봉지라면
일명 한강 라면과 김밥 치킨과 맥주
새들의 노랫소리와 물결의 율동
고요 속에 스며드는 자연의 선율
이 모든 것이 완벽하네

나무 그늘 아래 누운 바람도 살며시
하늘의 구름과 이야기 나누니
도시의 소음도 잠시 멈추고
강둑에 앉아 석양을 바라보는데
어느덧
그랑트 자트 섬의 일요일 오후*
풍경 속에 들어가 앉아 있네

*1884년 신인상주의 창시자인 조르주 쇠라의 대표적인 점묘화법 풍속화(308x207cm)

짝사랑

시를 만나고부터
시와 사랑에 빠졌나 봐요
아침에 일어나도
밥을 먹으면서도
출근을 하면서도
지하철을 타고 이동 중에도
시간만 나면 보고 싶고
잠들 때도 함께 잠들어요

당신은 이 마음 알까요?
시상으로 가득 찬 즐거움에
시 하나 탄생이라도 하면
봉사활동 후 느끼는 보람처럼
기쁨과 만족의 뿌듯함이랄까

그러나
시를 조금씩 알아가면서
내 얼굴은 동해 바닷가의 일출처럼
새빨갛게 일렁이는 부끄러움만 가득
그래도 좋다네요

꽃이 된 검정 글씨

하얀 종이 위에 검정 글씨들
내용과 뜻을 전달하는 글씨들이지만
정성껏 올려진 검정 글씨들은

제주도의 바람이 되어 하늘하늘 날리고
파도 되어 하얗게 하얗게 부서지는
마법같은 풍경으로 한 폭의 수채화로

한 폭의 아름다운 수채화에
어머니의 그리움과 누이의 마음이 채색되니
오래된 액자 속 빛바랜 한 장의 사진으로

정성껏 올려진 검정 글씨들은
형형색색 옷을 갈아입고 살아 숨 쉬는 생명 되어
마음속 깊이 영적인 교감으로 꽃핀다

시 낚시

두꺼운 얼음을 깨고
그 속의 미동도 알 수 없는
깜깜한 어둠에
미끼 하나 던져 놓고
줄의 감각만을 느끼며
기다리고 기다린다

추위와 싸움
인내와의 싸움
외로운 싸움
.
.
.
시어 하나 걸렸다

산딸기 추억

대형마트 진열장 스티로폼 박스에
가득 담겨 있는 산딸기 반갑게 인사 나눠도
너무 많은 것이 어색한지 손이 가지 않았는데
지인이 두 박스나 보내왔다

깨끗하게 씻어서 접시에 담았으나
식구들도 많이 먹지 않는 것이 내 맘이었을까
할 수 없이 지인의 정성이라도 먹듯
혼자 앉아 책장을 넘기며 옥수수알 쪼아대니
자작자작 입안 가득 씨앗들은 산딸기 추억으로
영롱한 비누 거품처럼 반짝반짝 날아든다

또래 기지배들은 더위를 식히는 물놀이와 그늘을 찾아
작은 계곡을 따라 이리저리 올라가고 있지
누군가 이미 따먹어 배꼽만 내민 나뭇가지에
산딸기 두어 개 꼭꼭 숨어 있다가 기지배들 눈에 살짝
보여줬지
횡재라도 한 듯 신나 머리를 맞대어 쪼개 먹고
내려오는 길에도 길게 늘어진 햇님이 몰래 내어준
산딸기 두어 개, 달콤한 빨간 행복을 나누었지

무심히 주워 먹은 산딸기의 긴 행렬은
개천에서 벌거벗고 멱감던 그 시절 까르르
웃음 짓던 산딸기 같은 얼굴들이 생각난다

비밀의 정원

생선 가시 거꾸로 박혀 칼바람 머물지 못하게 길 내어주는
겨울 정원에 짧은 그림자에 날아든 새들이
저마다 나뭇가지에 입 맞추어 흔들어 깨우니

어느덧, 나의 정원은
파릇한 새순이 신생아 젖니 나듯 생글생글
생명은 꿈틀꿈틀 대지를 흔들어 깨우는 사랑으로
초록의 꿈과 희망, 예쁜 꽃들의 즐거움과 행복
쉼을 주는 안식과 평화, 위로와 격려가 되는 에너지이다

어느 날,
가장 예쁜 장미꽃을 가까이 바라보았을 뿐인데
앗! 그만 가시에 찔려 소스라치고 말았다

장미꽃의 가시를 모두 떼어내 달라고 기도했으나
꽃대의 가시까지 장미꽃의 일부임을 일깨운다

더 이상 가시에 찔림이 없기를 간구했으나
피할 수 없다면, 얼마나 더 찔려야 용서와 화회의
가시면류관 받을 수 있을까?

도시의 하루

찬란한 아침, 도시는 거대한 블랙홀에 흡입되듯
모여든 사람들 펄떡이는 물고기처럼 활기 넘친다
온통 먹물을 끼얹은 듯 땅거미가 그려질라치면

갑자기 쏟아지는 소나기에 죄다 뛰어가듯
찌든 도시의 사람들은 쫓기듯 빠져나간다
수묵화도 잠시 잠깐 시커먼 맷돌에 짓눌린 듯
도시는 검정색 크레파스처럼 어둑어둑 덧칠된다

이 순간 도시는 현란한 불빛으로 스위치 되면서
무거운 검정 외투가 군무처럼 후다닥 벗겨지고
도밍가다 덫에 걸리고만 비틀거리던 님정네는
화려한 스크레치 아트에 또 다시 홀린다

챗봇과 시인의 만남

챗봇과 인간, 예상했던 만남의 세상
서로 다른 존재, 다른 시간이지만 더 나은 미래를 향해
우리는 함께 긴밀한 연결로 끊임없이 소통한다

챗봇은 무궁무진한 지식과 정보를 바탕으로
연구의 필요성과 근거 제시로 논문도 작성해주고
빠른 계산은 물론 고급 통계도 순식간에 분석해주고
세탁기가 노동과 시간에서 해방시켜 준 혁명이었듯이
시간이 경쟁력이 된 시대에 챗봇은 최고의 매니저가 된다
챗봇은 노랫말도 지어주고 노래 곡도 붙여준다니
몇 날 시상을 떠올리고 적당한 단어와 표현을 고심하던 시인도
챗봇에게 말만 하면 순식간에 뚝딱 제시해 준다니
앞으로 시인이 설 자리는 어디가 될까?

그럼에도
시인은 사랑과 공감의 세계에서
시인은 창의력과 상상력과 풍부한 경험으로
시인은 인간의 마음을 따뜻하게 지피는
생명의 불쏘시개가 되어 주리라

청춘

고등학교 때 담임선생님은 교실만 들어오시면
- 여러분들은 모두 꽃처럼 예뻐요
- 에에에이…
- 거짓말이 아니란다 청춘은 자체가 아름다움이거든
  여러분들도 선생님 나이가 되면 알게 될 거야

누가 봐도 예쁜 미모는 모두라는 말에 눈이 동그래지고
모두는 두 눈 서로 마주 보며 입술 양쪽으로 쭈우우욱
입꼬리 따라 어깨도 으쓱 올라가는 큐사인에 맞춰
교실 가득 고속 촬영한 영상으로 꽃들이 만발이다

이제 나도 선생님 나이가 되었나 보다
못난이 삼형제를 누가 이쁘지 않다고 했던가
럭비공처럼 어디로 튈지 모르는 사춘기 중2들이
삼삼오오 떼 지어 지나가는 모습도 예쁘다

역시 청춘은,
드넓은 바닷속 탱글탱글 펄떡이는 물고기처럼
대지 가득 빈틈없이 채워진 짙푸른 신록처럼
빨강 장미꽃의 첫사랑 같은 가슴 떨림이다

오월의 하늘

흰쌀밥 같은 이밥에서 태어난 이팝나무
가로수길 온통 가득한 이팝꽃의 풍요는
넘실넘실 흰쌀밥 같은 어머니 마음을 팝니다

입하가 되면서 이팝나무가 꽃을 피우듯
어머니의 머리에도 검정 염색모 사이에서
하얗게 하얗게 이팝꽃이 반짝입니다

김이 모락모락 따뜻한 흰쌀밥을 뜨시고
밤낮없이 손발이 다 닳도록 사랑하시는
떡가루 같은 순백의 이팝나무 같은 어머니
이 마음 오월의 하늘보다 아름답습니다

가을을 그리는 소리

이른 아침부터 알람보다 일찍
안방 네모난 액자 모양 창문으로
요란하게 가을을 깨워댄다

맴맴맴맴 맴맴맴매애애애애

거실 커다란 액자에 가을을 그린다
부엌 뒤쪽 베란다 네모난 액자에는
벌써 빨강 단풍나무가 걸린다

가을에는

가을에는
눈부신 햇살이 직진으로 파고 들어와
마음까지 높은 가을 하늘 파랗게 물들인다

가을에는
햇살 박힌 상큼한 꿀사과 빨갛게 다가와
과수원마다 달콤한 사랑 주렁주렁 나눈다

가을에는
들녘의 벼 이삭 사이좋게 어깨춤 넘실대니
농부 눈가의 굵은 주름 덩실덩실 하회탈 춤춘다

가을에는
길게 뻗은 햇살이 밤하늘과도 손을 꼭 잡고
커다란 달빛 밝은 그림자에 강강술래 흥겹다

가문비나무

키르키스스탄 알틴 아라샨의 트레킹
저멀리 천산에 쌓인 만년설이 얼마나 녹는지
큰 바위에 이리저리 부딪히며 콸콸 흐르며 뿜어주는
음이온을 시원하게 마시며 우리는 투박한 길에 오른다

계곡 오른쪽엔 완만하지만 척박한 금광 돌무더기 틈새
넓은 초원에 방목된 소들이 한가로이 풀을 뜯으며
에델바이스 등 각종 야생화와 입 맞추고 알콩달콩 사랑을
나누다 지나가는 우리네를 보고 반갑게 웃어준다

왼쪽 비탈진 기슭엔 빼곡히 키 자랑하며 쭉쭉 뻗어
천산과 꼬옥 손잡고 인사하는 웅장한 가문비나무숲
키가 작으면 죽는다 폭설은 때로 스키장을 방불케 한다
무너진 가문비나무, 마치 단단하지 못한 내 시 같아 아리다

다이빙 연습

- 하늘 가는 길

다이빙 연습은
머리 숙여
두 팔을 나란히 머리에 붙이고
두 무릎을 구르며
두 다리를 쫙 펴고
물속으로 날아들기를

절대 겁먹지 말아야 한다
배로 배치기를 당하거나
두 다리를 펴지 못해
날개 접힌 낙하산 꼴이 될 수 있다

허공을 날아 온 존재를 던지니
나를 받아주는 물이 있음을 알 듯
하늘 가는 길도 나를 품고 있는 하늘로
절대 두려워 말고 가볍게 날아오른다면

하늘 가는 길도
그렇게 가는 갑다

12월에 내린 눈

12월, 새벽부터 사뿐 찾아온 함박눈
두 팔 벌려 온몸으로 맞이하고파 대뜸 뛰어나갔다

하얗게 하얗게 덮고 또 덮어주고
차분- 차분히 괜찮다며
포근- 포근히 수고했단다

함박눈은 따뜻한 어머니 품이다

당신의 선물

우리를 위해 선물로 오신
구유에 누이신 아기 예수님
하늘에는 영광
땅에는 평화로다

내가 아닌 이웃 간에
선물 같은 그 마음 닮아가면
땅에는 평화
하늘에는 영광이로다

사랑의 노래

어둠이 깊어지는 이 밤에
나는 혼자서도 괜찮다고 생각해
달빛이 내린 거리를 거닐며
달빛이 전하는 말 듣고 싶어

가로등 아래 나무 그늘에 앉아
바람이 전하는 말에 귀 기울여
마음속에 피어난 감정들을
글로 풀어내고 싶어

사랑의 노래 부르며
슬픔의 눈물을 닦아내며
이 밤을 나만의 언어로
영원히 간직하고 싶어

어둠이 깊어지는 이 밤에
나는 시인이 되어 보고 싶어
깊은 속 마음 밤새 길어내어
나만의 노래로 전하고 싶어

II부

소나무와 진달래

소나무와 진달래
내 인생의 38번 길
정년퇴직
쉼표
쉼표 하나에
새해 아침에는
청룡 개막제에
영롱한 하늘마음
뜸 들이기
중년 여인들 1
중년 여인들 2
작은 불씨
이웃을 선물해 준 보리
보리는 나에게
이순에는
마지막을 사는 연습
엄마
당신의 눈동자
황토색 샌들
처서
와이파이

소나무와 진달래

소나무,
왕의 무덤가와 궁궐 기둥으로 살아온 벼슬아치 품격
감히 어떠한 풀들조차 가까이하지 못한 고고함

바람이 불면,
솔잎의 노래는 솔 향기 되어
곱디고운 진달래와 비단결 연분홍 사랑에 빠진다

소나무,
그 품에 안긴 수줍은 진달래는
가녀린 잎새에서 솔 내음 은은히 흐른다

내 인생의 38번 길

나의 37년간 직장생활은 신호등도 없는
오로지 주어진 목적지를 향한 추월차선을 넘나드는 직진 고속도로
유일하게 오른쪽으로만 샐 수 있는 달콤한 탈출구에는
휴양지보다 더 많은 인파 속 줄서기와 떡볶이 오뎅 감자구이
그리고 시원한 냉커피 한 잔뿐

나의 정년퇴직은 내 인생의 38번 길
발길 닿는 곳이 목적지가 되고
시간에 구애받지도 않고 속도를 늦추니 찾아가는 맛집과
따뜻한 커피 한 잔처럼 모락모락 향기의 여유로움과
곳곳에 서 있는 오랜 친구 같은 신호등

빨강불이 켜지면 멈춰야 할 시간이다
그 자리에 서서는 무언가를 기다려야 한다
노랑불이 깜빡이면 짧지만 매우 중요한 순간으로
다시 움직일 준비를 해야 할 시간이다
초록불이 켜지면 미래를 향한 길을 열어가리라

정년퇴직
– 쇼생크 탈출*

수감자들의 삶은 곤욕스럽지만 교도소에서의 생활에 길들여졌다 가석방되는 수감자들은 오히려 밖으로 나가길 두려워한다 새로운 환경은 너무나도 낯설고 익숙하지 않은 공간이다 오십 년이라는 세월을 수감 후 가석방된 브룩스는 새로운 삶에 적응하지 못하고 자살하고 말았다 결국 현실에 길들여지면 새로운 것에 대해 도전하기 어려워지는 것이다 즉 희망을 꿈꾸기보다는 현실과 타협하여 살게 되지만 억울한 누명을 쓰고 들어온 주인공 앤디는 교도소에서 친구가 되어준 레드에게도 희망과 자유를 공유하고 십구 년 동안 자와타네오섬으로 향하는 희망을 포기하지 않았다

한 직장에서 37년간 봉직한 정년퇴직,
세상 밖으로의 열린 출구에 이제라도 준비해야 한다
시를 배우고 쓰고, 수영, 걷기 모임과 숲길탐방 동호회, 우쿨렐레와 찬양 등
오늘도 자와타네오섬을 꿈꾸며 세상 사람들과 만난다

*스티븐 킹의 중편 소설《리타 헤이워드와 쇼생크 탈출》을 각색한 1994년 개봉한 미국의 극영화

쉼표

쉼 없이 시계추가 또각또각
하루 24시간이 휘리릭 휘리릭
1년 12달이 후루룩 후루룩
유수라던 세월에

쉼 없이 설국열차에 몸을 싣고
서두르고 달리고
분주하게 돌진하던
내린천 급물살

60 환갑이 찍어준 쉼표에
뒤따라오는 영혼도 챙기고
함께하는 이웃도 살피며
살아가는 선한 삶

천천히 숨 한번 고르며
깊게 생각하고 말하고
묵묵히 행동하는
모든 것을 품은 쉼표여

쉼표 하나에

빨리 달리면 보이지 않던 것이
쉼표 하나에
꼬리 흔드는 강아지풀이 보입니다

빠르게 말할 때는 보이지 않던 것이
쉼표 하나에
상대방의 마음이 보입니다

빼곡한 하루 일정에 보이지 않던 것이
쉼표 하나에
이웃이 보이고 감사가 보입니다

새해 아침에는

환갑을 맞이한 갑진년 새해에는
강산도 여섯 번이나 바뀌었을 세월 앞에
환골탈태의 염원이 더욱 간절한 기도가 된다

60년 세월 속에
켜켜이 쌓인 고집의 묵은 때는 칼바람에 벗겨내고
편견, 탐욕, 미움으로 뿌옇게 혼탁한 마음을 쏟아내고
동해 바닷가 세찬 파도에 말갛게 빨아서 널자

새해 아침에는
붉게 타오르는 여의주를 입에 물고
거친 파도를 가르며 힘차게 날아오르는 청룡의 기운과
티 없이 맑은 하늘마음 가득 채우리라

청룡 개막제에

새빨간 여의주를 물고 용솟음치는
갑진년 청룡 개막제가 드디어 열렸다
독도, 울산 간절곶, 정동진, 북한산 방방곡곡

행사는 일년 열두달 다양한 프로그램이 열린다
모내기도 때가 있듯이 시기를 놓치지 않아야 한다
굽이쳐 흐를 수도 있지만 지치지 않아야 한다

폐막제에 모두가 소원의 깃발 꽂을 수 있도록
나보다는 너와 소중한 우리가 함께라서 가능했다고
따뜻한 이웃을 많이 만나는 힘찬 청룡의 축제이길

영롱한 하늘마음

집안 곳곳에 먼지는 어디서 생기는지
매일 매일 알아채긴 어려워도
일주일만 지나면 둔한 발바닥도 알아챈다

두 무릎 꿇고
쓸어내고 닦아내는 수고로움 끝에
맨발바닥의 밀착감도 경쾌하고 기분까지 상쾌한데

60년 동안 쌓인 내 영혼의 묵은 먼지는
무엇으로 쓸어내고 닦아내야
영롱한 하늘마음으로 빛날 수 있을까?

뜸 들이기

강한 불에서 밥이 끓듯이
내 인생의 강력한 열정은
더운 여름에도 계속되는
대장장이의 쇠를 녹여냄이다

밥이 끓기 시작하면
오히려 약불로 뜸을 들여야
윤기가 흐르는 맛있는 밥으로
구수한 냄새를 풍긴다

약불에 밥을 뜸 들이듯이
풀무로 호미를 만들듯이
인생의 가을
이제는
열정의 온도를 낮추고
뭉근히
뜸 들여야 깊어지는 나이다

중년 여인들 1

- 불타는 금요일

중년 여인들은
불타는 마음으로 모인다

지지난 주는 폭포동 개천길을 따라
지난주는 한옥마을 지나 진관사
이번 주는 은평성모병원 뒤 앵봉산

다음 주는 구파발성당 뒤 이말산
다다음 주는 북한산 둘레길

매주 금요일 퇴근 시간에는
구시렁구시렁 고단함은 토해내고
까르르까르르 즐거움만 한가득

중년 여인들 2
- 민들레꽃

진달래, 개나리, 벚꽃이 한창 좋은 계절
봄 처녀 마음은 봄 끝자락이라도 잡으려
경의선 상춘객 인파 속 경춘가도를 달린다

양수리에 가득히 쏟아진 태양은 반짝반짝 윤슬 되고
파란 하늘 뭉게뭉게 흰 구름은 둥실둥실 길 안내하고
이따금 억새풀은 바람 따라 흔들흔들 반기고
길 따라 구름 따라 걷고 또 걷는다

나란히 걷다가 앞질러 걸으며 뒤돌아선 후배는
얼굴을 마주하며 대뜸 물었다
- 언니는 내년이 정년퇴직인데 뭐 준비해요?

환경미화원 금동건 시인이 음식물쓰레기로 시집을 냈듯이
간호 이야기를 시로 표현해 보고 싶다고 했다

가던 길 울퉁불퉁 오래된 시멘트 바닥 갈라진 틈에서
수줍은 민들레의 노랑 웃음과 눈이 마주쳤다

작은 불씨

내 안에 겨자씨만한 작은 불씨
너무 작아 분간하기 어려워
늘 잊고 지내기 십상이다

내 안에 작은 불씨 꺼질세라
명목이 끊이지 않게 줄서니
내 안에 작은 불씨 만나게 한다

작은 불씨 큰불 되도록 가슴 가득
바람을 모아 눈물과 땀이 범벅되도록
온 마음으로 힘차게 불어 본다

내 안에 겨자씨만한 작은 불씨
힘껏 불 때 장작불 되어 줄 수 있는 생명으로
작은 불씨 후림불 되니 족하다

이웃을 선물해 준 보리

중환자를 돌보며 삼교대는 밤낮도 이웃도 없었다
오로지 집과 병원
쉬는 날이면 그냥 쉬거나 여행을 한다

이후 병원에서 간호사를 교육하는 수간호사로 10년
의료계 서비스가 대두된 시기에
의료인의 친절 교육을 책임지는 원내 강사로 10여 년

아이들 학교행사를 참여해도
어머니들과 만남이 뜸하니 이웃이 되기 어렵다
여전히 집과 병원
쉬는 날이면 밀린 집안 일을 한다

틀에 박힌 병원 생활이지만
빈틈없이 완벽해야 했고
친절까지 몸소 실천하며 배워야 했고
상위 학위 취득 등 꾸준한 자기개발은
집과 병원일 수밖에 없었다

퇴근 후 공원 놀이터에는 아이들보다

더 많은 강아지들이 모여든다
월월 짖어대는 신바네 아주머니도
유기견보호소에서 봉사하다 데려왔다는 수박이네 아저씨도
여름 휴가 때 보리를 맡아주신 꼬모네 이모도

남편 환갑기념으로 가족이 된 보리는
사람을 더 좋아하는 우리집 사랑둥이
나에게 정발산 이웃을 선물해 주었다

보리는 나에게

퇴근하고 돌아오면 앞발을 쭈욱
요가 자세로 몸 한번 풀고 달려와
중문 미닫이를 앞발로 몇 번 흔들어 열더니
힘차게 꼬리치며 뱅그르뱅그르 점프점프
보리의 격한 반가움은
나를 해맑게 웃게 하고
나의 모든 피로를 씻기고
나로 행복하게 한다
나를 그런 사람으로 살게 한다

가족들이 식탁 주변에 모여 앉아
식사나 대화 또는 책을 읽으면
어김없이 개껌 하나 물고 식탁 아래 자리하고
다 마칠 때까지 붙들고 무아지경
때를 아는 기다림은
나에게 가족을 허락해 주고
나의 시간에 집중하게 하고
나를 시간 안에 살게 한다
나를 그런 사람으로 살게 한다

보리 나이 벌써 세 살, 우리의 세월은
눈빛만으로도 마치 말하는 사람인 줄
항상 놀아달라고 안아달라고 보채도
내가 피곤하다고 누우면 곁에서 얌전히 지켜 준다
말 못 해도 소통이 가능함은
나로 교감하게 하고
나로 사랑하게 하고
나를 그런 사람으로 살게 한다

이순에는

불혹에도
세상일에 정신을 빼앗겨
이리저리 흔들리더니

지천명에도
하늘의 뜻을 헤아리지 못하고
나의 계획대로 밀어붙였으니

이순에는
모든 말을 객관적으로 듣고
사사로운 감정에 얽매이지 않기를

자신의 마음 안에 침묵으로 머물고
타인의 마음 안에 이해와
세상의 마음 안에 이치를 깨달아
하늘의 마음 닮아가리

마지막을 사는 연습

떠난 자리가 따뜻한 사랑이길
떠난 자리가 그리운 이별이길
떠난 자리가 깔끔히 정리되길
떠난 자리에 아름다운 꽃이 피어나길

감사합니다
사랑합니다
용서하고 용서바랍니다
나의 정년퇴직 준비는
하루하루가 마지막을 사는 연습이다

엄마

엄마는
한 살에게나
열여덟 살에게나
예순 살에게도
언제까지라도
나로 있게 하는 힘이다

엄마는
나를 먹여주고 재워주고
나를 학교 다니게 했고
나를 사회인으로 성장시켰고
지금 나를 있게 한 사랑이다

이런 엄마이기에
낼모레가 예순인 나도
이미 불러본 지 오래된
엄마
마음속으로만 불러도
눈물이 나고
엄마! 하고 소리 낼라치면
온몸이 흐느껴지며
그리움이 먼저 올라온다

당신의 눈동자

가장 뜨거운 한낮의 불기둥을 머리에 이고
고속도로를 달리는데 스르르 무거워진 눈꺼풀
사나운 대형트럭 뒷 문짝에서 귀여운 스티커 눈동자가 훅 들어옵니다
스티커 눈동자는 선한 생명의 눈빛으로 나를 바라봅니다
순간, 졸음이 싹 사라지고
눈가는 환한 미소로
당신 사랑을 만납니다

황토색 샌들

엄마는
고구마 줄거리 시금치 부추 등
텃밭을 다듬어 사랑을 엮는다
시장 길목 어귀에서 해가 넘어가도록
남의 집 저녁 찬거리를 기다린다

엄마는
투박한 손을 쫙 벌려 커진 발 길이를 쟀다
오늘은 막내딸 여름 샌들을 사기로 한 날
여기저기 신발가게 문 닫기 직전인데
이미 커진 발에는 예쁜 빨강이 없나 보다

엄마는
아쉬움을 뒤로 하고
붉은 황토색이라도 집었다
나도 어색한 색이지만
내일 신을 새 신발을 끌어안고
이미 학교 운동장을 뛰어다녔다

엄마가

사다 주신 황토색은
어느덧 빨강보다 최애가 되었고
황토색 가을빛이 하늘 가득 차오르면
해 질 녘 산모퉁이 굴뚝에서 가슴 깊이
쟁여놓은 붉은 황토색 사랑이 넘실넘실
엄마 냄새 닮은 그리움이 바람결에 흐른다

처서

똑똑똑 떨어지는 어머니의 링거 속도보다 빠르게
젖은 수건처럼 식은땀 하얗게 쥐어짠 말복 더위는
심장에 고인 마지막 한 방울도 허락하지 않더니
동해 바닷가 찬바람에 건조된 명태처럼
뻣뻣한 마른 장작 창백한 속살로 눕혔다

도망치고 싶은 날 허다해도 꾸욱꾹 누르고
그녀는 오직 가족과 친지 이웃을 향한 사랑으로
생명 같은 땀방울도 마다 않고 영혼을
갈아 넣듯 살아온 마늘같이 매콤했던 삶
오늘, 잉걸불로 타오른다

바람도 쉬어가는 산 중턱 뭉게구름 아래 묻힌
항아리 속 한 줌 가루 가볍게 흩어 하늘에 닿도록
살랑살랑 처서에 닿았으니 땀에 눅눅해진
어머니 옷가지도 바람에 널고 햇볕에 말린다

와이파이

병원은 호랑이 두어 마리쯤 잠복이라도 된 듯
누구에게나 공포와 두려움으로 절대 즐겁지 않은 곳이다
소아 환아에게는 특히 감출 수 없는 무서움을 달래기 위해
놀이동산처럼 꾸미고 커튼에는 예쁜 곰돌이 그림까지
그러나 병원에 가득히 채워진 팡팡 터지는 와이파이에
아이들은 허락된 불량식품을 먹듯 달콤한 유혹에 즐겁다

보이지 않는 와이파이는 아마 산소인 듯
와이파이를 벗어나면 단 하루도 살 수 없다
와이파이를 벗어나면 엄지손가락도 멈춘다

그러나 나는
당신 존재가 온전히 녹아 흐르는 와이파이
그 안에서 당신과 대화하고
그 안에서 당신의 사랑을 배우고
그 안에서 당신의 감사를 나누며
끊이지 않는 무제한 와이파이 안에서
언제나 그렇게 살고 싶다

Ⅲ부

봄아, 안녕

봄아, 안녕

봄아, 안녕
지금 어디니?
온다는 날은 지났건만
이제나저제나 기다려도
소식이 없기에
그리움 가득 안고
캄캄한 새벽 찬 공기 가르며
너에게로 달려가 본다

봄아, 안녕
남쪽에 반갑게 와 있었구나
광양 매화마을엔 꽃향기 은은하고
매화 꽃그늘 아래서는 기분 좋게
섬진강 재첩 회무침 해물파전 잔치국수까지
내 얼굴도 마주 앉은 친구 얼굴처럼
하얀 매화꽃 되어 활짝 웃고 있다

봄아, 안녕
너를 눈에 담고
너를 귀에 넣고

네가 가슴 속 가득하니
폐포 깊숙이 팝콘 터지듯 하얗게 하얗게
봄 처녀 사랑은 심장에서 빨갛게 빨갛게
산수유 열매처럼 알알이 익어 간다

신비로움

후우우으 후우우으
따뜻한 입김이 생명의 바람으로 다가 온다
겨우내 옷깃을 여미게한 날 선 바람까지 밀어내고
골수까지 말라 뚝뚝 부러질 듯한 나뭇가지에
간밤에 생명의 입김이 저리도 불어넣어졌나 보다

햇살 아래 서 있는 나무의 가지들마다
탱글탱글 망울망울 가득 찬 새순들
조용히 귀 기울이니
심장박동 소리 청진기 타고 오고
자세히 보니 초음파로 보듯
신비로움이 꿈틀거린다

앵두나무

울타리마다 개나리는 노랗게 현수막 걸고
분홍색 옷 입은 진달래는 분주하게 안내지 돌리고
골목 어귀마다 고운 햇살 아래 든든한 목련은
주먹만한 꽃망울 한껏 키우는 중이다

드디어 쭉쭉 내리꽂히는 봄볕은
뿌리 깊숙이 방아쇠를 힘차게 당기니
꽃망울은 하늘 높이 횃불 점등되듯
지붕 위에서 둥글게 둥글게 하얀 불꽃으로
일제히 요란하게 폭죽을 터트리며 축제를 알린다

길게 뻗은 가로수길 온통 벚꽃만 화려한 줄 알았는데
화단 귀퉁이 나지막이 기다리던 앵두나무가
눈부시도록 하얀 꽃잎을 입고 기다리던 퇴근길
나의 마음에 앵두 같은 사랑이 탱글탱글 열린다

봄의 교향곡

봄이여, 아름다움을 노래하리

첫 번째 악장은 부드럽게
살랑살랑 상큼한 봄바람은
마른 나뭇가지 흔들흔들 깨우고
꽃순이 머리를 들고 피어나는 섭리로
자연의 신비를 전하리

두 번째 악장은 활기차게
고양이 걸음처럼 다가온 햇살은
꽁꽁 얼었던 얼음장 아래
경쾌한 왈츠가 흐르며
봄의 전령을 전하리

마지막 악장은 열정적으로
봄의 불꽃이 튀어나오는
환희의 사랑과 희망
행복의 날개로 날아오르며
자연과 인간이 하나 되어 춤추니

봄이여, 진정 마음 가득 찬 울림
웅장한 오케스트라의 향연이다

고욤나무

우리집 담벼락 같은 고욤나무
꽃처럼 알알이 가득 피어난 고욤
나무에서 농익은 단맛은
오랜 세월 새들의 놀이터

이미 집채보다 커진 고욤나무
새들이 놀다간 자리에는
우수수 나뭇잎은 물론
우두두 찐득한 고욤들
우두둑 꺾인 잔가지들
거기에 통통한 애벌레들까지

이제는
고욤나무를 자르기로 했다
새들도 잘렸다
더 이상
정겨운 새들의 노래까지 잘렸다

그 마음

삼일절 대한독립 만세
태극기 휘날리며 삼천만이 하나로
꽃다운 소녀 유관순 열사의 외침
손톱이 떼어지고
코와 귀가 잘리어 나가도
다리가 부러져도
나라를 잃은 고통과 비교할 수 없다는
소녀의 유언

조국이 있어야 나도 있다
그 뜻 겸허히 배우고 싶다
나 개인에 머물지 않고
내 가족에 머물지 않고
내 나라 내 민족을 사랑하는
하늘 같은 마음
그 마음 닮고 싶다

선線과 선善

초등학교 때 짝이 된 남자와 여자는
서로 넘어오지 못하도록 책상에 선을 그어댔다

육이오전쟁 이후 한반도는 남과 북이
서로 넘어오지 못하도록 선을 긋고 철조망을 얹었다

나만의 울타리에 선을 긋고
나와 다름에 선을 긋는다

선을 넘으면 죽는다
금만 밟아도 죽었으니

이제 선을 지우며 살고 싶다
선線을 넘어 선善한 꽃 피우고 싶다

춘천의 호반

호수 가득 고요한 맑은 물결은 나의 벗 되어
마음속 깊은 이야기 찰랑찰랑 윤슬로 들어주고

산 그림자 드리운 깊은 호수를 닮은 하늘은
하늘 가득 바람을 품고 살랑살랑 화답하네

자전거 타고 달리는 아늑한 춘천의 호반에서
추억은 다시 낭만으로 몽실몽실 피어난다

아름다운 그곳
선물 같은 내 삶의 한점, 쉼표

당산나무 같은 어머니

오랜 역사와 세월의 흔적
굵은 나이테와 연륜, 지혜의 나무
당산나무 같은 우리 어머니
늘어진 가지 지탱할 근력이 빠지니
꼬부랑 허리에 지팡이 짚게 하고
골다공증과 주저앉은 척추 마디마디와
뼛속까지 패인 푸석푸석한 상처에는
인공관절과 시멘트로 척척 대공사
병충해를 막기 위해 때때마다 예방주사
영양 수액으로 기력 회복까지 채운다

그 나무 그늘 아래에서
강아지도 길게 누운 한낮에
어렸을 적 할머니 무릎베개 삼았듯
고양이 걸음같이 평온했던 향수 찾아
나근나근 나무의 이야기 들어가며
깜빡깜빡 내주는 꿈길도 거닐면서
쉼을 얻고
위로를 받고
지혜를 알게 되는
마냥 그런 행복 누리고 싶다

봉래폭포

어제까지 최고의 강수량으로 전국을 강타한 오월의 때 아닌 비

울릉도 유일한 봉래폭포 가는 길
삼나무 쭉쭉 뻗은 장엄한 숲속 하늘엔 짙푸른 장막 두르고
고사리 이끼 새소리 물소리 가득한 고대 선사 시대를 걷는다
폐포 깊숙히 피톤치드 촉촉하게 가득 채우니
트리케라톱스*의 긴 호흡으로 빨려 들어갔다

비에 젖어 더욱 반짝반짝 인사하는 햇살 속에
벌써 마중 나온 봉래폭포
식수원으로 쓰고도 남아 다시 바다로 내어주는
시원하게 쏟아지는 풍요의 젖 줄기
어머니의 냄새가 흘러 넘친다

* 중생대 백악기 후기(6800만 년 전~6500만 년 전)에 살았으며 북아메리카에서 발견된 초식공룡

독도

동쪽 바다 그 품에 안긴 독도
대한민국 이 땅이 품은 독도

독도를 품은 속 깊은 바다에
바다를 닮은 하늘마음이 놀러 왔다
저 하늘에 뜬 하얀 초승달도 놀러 왔다

한용운 생가 터에서

한용운 생가 터의 태극 문양 바람개비
힘차게 돌고 돌아 새털구름 하얗게 흩뿌리니
님의 목소리는 바람 타고 먼 곳에서 들려옵니다

아침이슬 머금은 들꽃은 어둠 속에서도 피어납니다
그리운 조국의 하늘 아래 자유의 노래 부르며
푸른 산빛 깨치고 간 님의 침묵은 나를 깨웁니다

오동잎을 떨어지게 한 것은 누구의 운명입니까
간밤 물청소로 투명해진 하늘 유리창에 시의 씨앗들을
바람 한 줌 휘휘 저어 햇살로 덖어 봅니다

무릉도원

미세먼지 가득 도깨비 뿔 달린 봄 하늘
빨간불 깜빡깜빡 잔뜩 성난 얼굴은
회색빛 비 예보 뒤에 잠시 숨었으나
와룡의 등에 업혀 올라간 화양 계곡물
오락가락 진종일 뿜어대는 용의 투레질로
뽀드득 세수하여 거울 속 선명한 얼굴
서로 예쁘다며 생글생글 마중 나온다

물푸레 나뭇잎이 한껏 녹은 녹음 계곡물에
풍덩 빠진 심산계곡은 온통 푸르고 푸르게
파란불 반짝반짝 최고로 좋은 얼굴
야광나무 잎새는 더욱 찬란하고 하얀 꽃에 눈부시다

무이산 위에 신선도 한가로이 안갯속을 거닐 때
이슬에 맺힌 병풍바위는 푸른 이끼 두르고
큰바위 빗겨 굽이굽이 파곶巴串으로 흐르는 구곡은
고루암 허리 한번 휘휘 감고 시 한 수 읊고 쉬어 간다

우주공간

한낮에 이글대던 팔월의 태양도 지쳤는지
저 멀리 주문도 앞바다에 수줍게 풍덩
빨갛게 달아오른 더위를 식힌다

푸식푸식 빠지는 모래사장 지나
자작자작 물 빠진 모래바닥과
말캉말캉 찰흙 반죽까지 맨발바닥

태양도 몸을 맡긴 주문도 앞바다에서
맨발바닥으로 지구와 하나가 되니
저 멀리 허연 달도 두둥실 바다로 흐르네

부산釜山

솥뚜껑을 엎어놓은 모양의 도시
육이오로 전국 각지에서 몰려온 한반도 끝자락
몸 하나 누일 공간은 산자락 공동묘지라도 제격이지
비석이 주춧돌 된 질서정연한 계단식 집단 판자촌
보따리 하나 짊어지고 손에 손 단디 쥐고 내려왔건만
많은 인파에 놓쳐버린 혈육을 찾을까 모여든 40계단

가파른 경사길 굽이굽이 마을버스를 타고
아미동을 지나 감천문화마을까지
삶의 터전이 무수한 사연들을 만들어낸
산과 바다가 어우러진 구름도 쉬어가는 하늘마을
박물관, 어린 왕자 포토존 등 한국의 마추픽추
생활과 문화예술이 동화처럼 공존하는 도시

부산은 비록 전쟁의 어두운 그림자 속에서도
불굴의 민족정신이 빛나는 새로운 시작의 땅
부산은 바다가 부르는 노래, 산이 전하는 소망으로
전쟁이 가져다준 가난과 상처, 삶의 애환까지도
고스란히 품어준 민족의 어머니,
어머니의 젖가슴 같은 도시

용늪* 가는 길

길가에 가을 무
하얀 속살 드러내고 엉큼하게 유혹하던
햇살 가득 머금은 짙푸른 무청

두리번두리번 빙 둘러
두 손 덥석 앞뒤 좌우 흔들흔들
두꺼운 껍질 삐뚤빼뚤 벗겨가며
가을 끝자락을 한 입 크게 베어 물던 날씨

상큼한 가을 무 같은 오늘
사그락사그락
두껍게 쌓인 낙엽들이
바시락바시락
바위 조각들과 돌멩이
저버적저버적
용늪에서 흐르는 물이
계곡으로 흘러 흘러 용수 되는
길바닥의 아름다운 화음

청명한 가을 무청 같은 오늘

우우웅 이위잉
하늘에 닿을 듯한 자작나무는
펄떡이는 제주 은갈치 되어 뒤흔들리며
이따금 울리는 호른 반주

매콤한 가을 무 같은 오늘
깔딱고개도 넘은
해발 천이백팔십 미터
드디어 용늪
데크 길 따라 일렬로 거니는데
휘몰아치는 바람과 함께
한 마리의 용이 되어 춤춘다

* 강원도 인제군 서화면과 양구군 동면, 해안면에 걸쳐있는 대암산 정상 부근의 습지

깡깡깡 울림

동네 한 바퀴를 돌고 돌아도
무언가 알아차리기 쉽지 않은 수리 조선소길
공사 현장의 산업안전망이 연상되는 길
철근도 녹아 내릴듯한 뜨거운 여름 한낮
무거운 쇠 철문이 빼꼼히 열린 틈새로
수리되고 있는 태산같이 거대한 선박

그 앞에서 아주 작아 보이는 나의 존재에
한없이 겸손해지는 깡깡깡 울림

동네 한 바퀴를 걷고 걸어도
무언가 알아차리기 쉽지 않은 깡깡이 예술마을
흰머리가 희끗희끗한 회색빛 아파트 측면부에 가득 찬
핸드릭 바이키르의 작품 〈우리 모두의 어머니〉는
거대한 선박에 너덜해진 페인트나 조개껍데기를 떼어내던
깊은 주름만큼 오랜 세월 마을을 지켜온 어머니이시다

그 앞에서 존경스런 어머니의 존재에
한없이 숙연해지는 깡깡깡 울림

서천 바닷가와 도요새

서천의 바닷가, 생명의 무대
바람이 노래하고 파도가 춤추는 곳
해변을 따라 펼쳐진 모래밭과 갯벌에
수많은 생명이 맨발 걷기와 일광욕

조개껍질 속 숨겨진 이야기
고둥이 느리게 지나가는 길
게들이 모래 위에 남긴 발자국
그 작은 발걸음에도 역사가 담기네

갯벌 속에서 꿈틀거리는 생명들
조용히 숨겨진 그들의 삶은 한가로이
도요새와 철새들에게 생명을 내어주니
서천의 바다를 더욱 풍요롭게 하네

자연의 선율에 귀 기울이니
바람, 물, 생명들이 속삭이는 소리
그 모든 것을 아우르고 나눔이 있는 곳
가슴 가득 평화와 희망의 울림이 이네

강아지풀

소양강댐 하류 드넓게 펼쳐진 태고의 물소리
탁 트인 하늘에 흐르는 구름과 초록 바람
감자빵 굽는 감자밭을 담은 넓은 카페는
많은 인파 속 강아지들과 북새통이지만

카페를 등진 나지막이 한가로운 파랑 기와집
마당에 묶인 채 누군가를 기다리듯 심심한 백구
강아지풀은 살랑살랑 노래하고 춤추며
어느새 울 밑에 가득하니 놀러왔네

하늘마음

‘연명치료거부인가 그거 어떻게 받니?’ 멀리 미국에 살고 있는 친구에게서 문자 날아왔다 무슨 일인지 뜬금없어 얼른 통화버튼을 눌렀다 친정어머니께서 주변에 계신 분들이 신청했다는 이야기를 듣고 미국에 있지만 간호사인 딸에게 방법을 알아본 거였다 일단 놀란 가슴 내려놓았다 의료혜택을 받기 어려웠던 예나 지금이나 나이 드신 분들의 인사는 ‘살만큼 살았어, 잠자듯이 갈 수만 있으면 그 이상 소원이 없어’이다

사전연명의료의향서
정년퇴직을 준비하는 마무리
장기 여행 떠날 때 집안일 정리하기
이 모든 것이
너를 사랑하고
나를 사랑하는
아름다운 길 떠나는
하늘마음인 게다

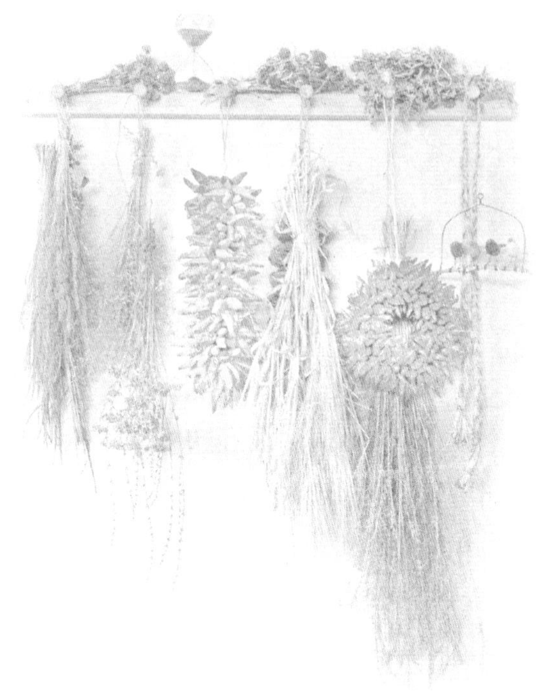

Ⅳ부

시간의 고삐를 풀어놓고

시간의 고삐를 풀어놓고

오늘은 토요일
간만에 외부 일정이 없다

이런 날은
시간의 고삐를 풀어놓고
내 몸 구석구석의 긴장도 풀고
한 주의 수고에 감사하듯이
뼈 마디마디와 근육의 외침에
오롯이 교감하며 늦잠을 잔다

이런 날은
그 누구도
그 무엇도
내 시간의 고삐를 건들지 않으니
늘어진 시간에 흠씬 취한다

나이듦

신경과 접수창구에서 벌어진 상황
- 성함과 생년월일을 말씀해 주시겠습니까?
  금일 접수자 명단에 없는데 다시 한번 확인하겠습니다.
- 오늘이 20일 아닌가요?
- 오늘은 13일입니다.
- 어쩐지 치매약이 좀 남았다 했네
  으째쓰까?
  정신이 점점 더 없어지네…

자책하며 홀로 힘없이 돌아서는 뒷모습이
나이듦의 쓸쓸함으로 술렁인다

보건의료 위기 : '심각'

코로나19로 보건의료 위기 단계가 '심각' 상황에
모든 의료인은 땀과 눈물로 서로의 손을 잡아주었다
필수 의료 정책 패키지의 의료개혁안에 반발한
의사 집단파업이 보건의료 위기를 다시 '심각'이다

환자의 건강을 책임져야 하는 의사의 진료 거부로
수련병원에서는 업무가 마비되어 텅 빈 병상들
간호사도 할 일이 없어지고 인력이 남게 되니
한시적인 전담간호사 업무 대체나 휴가를 한다

비계획적인 휴가지만 교대로 미뤄둔 여행을 떠난다
부산 제주도 베트남 등 휴가지에서 돌아온 특산품이
간호사 휴게실에서 맛 자랑 멋 자랑하고 있지만
이제는 환자 곁에서 간호의 손길을 뽐내고 싶다

간 이식 수술

아침조 7시 출근이었으나 대기조로 변경
한 사람의 뇌파가 멈추기만을
엄숙하게 기다린다
드디어 오후 4시 15분, 긴장된 출근 명령이 떨어진다

간을 기증한 사람은 죽었으나 죽은 것이 아니다
엠블런스 타고 냉기 가득한 밀실로 차갑게 빨려 들어간다
뚜껑만 없을 뿐 네모난 관짝 모양 테이블 위에 눕혀져
한 치의 오차도 용납될 수 없는 서슬로 냉정하게
다른 사람의 간으로 이식된다

한 여름밤 거친 소나기와 몇 차례의 천둥과 번개
드디어, 여러 사람의 극한 산통과 땀방울이 뒤엉킨 응집의 결정체
고요 속에 묻힌 가장 춥다는 새벽을 흔들어 깨우고
한 사람은 찬란한 태양의 빛으로 그토록 따뜻하게 태어났다

똑똑한 치매

밤새 가족들을 잊지는 않았을까
오늘 날짜와 요일을 확인하고
셈도 까먹지는 않았을까

급할 것 없는 음성과 해맑은 표정으로
좀 느리지만 정확한 대답은
엄지척과 박수로 한껏 밝아지는 하루

인정조사로 공단 직원 방문하는 날
- 어머니 오늘은 너무 똑똑하게 말하지 않아도 돼
단디 당부했고 알겠다고 고개를 깊게 끄덕이셨다

집 주소도 묻고 가족들 이름도 묻고
마트에서 물건 사고 계산하는 셈 질문에
퀴즈대회라도 하듯 순발력 넘치는 100점

- 어머니, 대답을 그렇게 잘하면 어떻게요?
- 그럼 내가 아는데 모른다고 해?
맞다! 우리 어머니는 똑똑한 치매다

4인 병실

에메랄드빛 산소가 보글보글 밤새 틀어져도
무쇠 부비듯 힘겨운 들숨 다 채우기도 전에
사막에서 불어오는 황사 같은 날숨 뿜어 내기를

허옇게 뜬 보호자 남편은 드르렁드르렁 쪽잠 중
이 밤, 어찌된 영문인지 숨 쉬는 것보다도
조절되지 않는 통증 때문에 앉아서 뜬눈이라니

헝겊 쪼가리로 나뉘어진 작은 공간에 찾아온 적막
칠흑 같은 어둠은 끝이 보이지 않는 공포로
항암이고 뭐고 통증 없는 세상이기만을 바랄 때

간밤, 소리 없는 외로운 싸움인 줄 알았으나
4인 병실 환자들은 모두 이분과 함께 지샜다네
건너편 유방암으로 수술한 젊은 분은 사탕을 나누고
수술하신 옆 침대 분은 간절한 기도를 했단다

내 무릎이 말해요

그때는
이틀 밤을 새워도 견딜 수 있었고
산행 후 장딴지에 쌓인 젖산은
기분 좋은 피로감과 보람이었건만

어느새
둘레길만 걸어도 무릎이 궁시렁거린다
무릎이 좋아하는 수영으로 달래도 찡얼찡얼
부족한가 싶어 더 많이 어르고 달래보아도
계속 보채기만 한다

급기야
의사를 찾아갔다
- 무릎에 물이 찼네요 통증이 있을 때는 휴식을 취해야 합니다 계속 무리하면 방어기전에 의해 활액이 과다 방출되어 더 큰 통증을 유발하죠 다행히 큰 문제가 없으니 증상만 호전되면 수영이나 자전거 타기 등 적절한 운동으로 관리하셔요

지금은
내 몸 구석구석에서 시어머니 잔소리하듯
쉬엄쉬엄하라고 이른다
그럼에도 불구하고 무시하면 호되게 호통한다
잠시 쉬어도 괜찮다고
이제는 내 몸과 벗하여 지내리
여유와 느림의 삶으로 채우리

사진관 추억

사진관은 깜깜한 동굴 속 이야기가 살아있는 그림동화
남는 게 사진이라고 검정 우산 아래 뻥뻥 터지는 후레쉬

고객숙인 느린 걸음으로 오직 주간보호센터만 오가시는 어머님께
즐거움을 드리기 위해 풀빌라도 가 보고 비행기 타고 제주를 가 봐도
구부러진 허리로는 하늘을 바라보는 기쁨도 금방 성가셔지고
지난날 즐거웠던 추억마저 요실금마냥 찔끔찔끔 흘린다

오늘은 부산에 있는 손자까지 아들과 딸 가족이 모두 사진관에 모였다
거울 앞에서 흑백사진 속 열여덟 새색시는 난생처음 꽃단장을 받는다
뽀얗게 분칠하고 빨간 립스틱에 머리도 부풀려 살리고
평소 한 번도 걸어보지 않던 하얀 진주 귀걸이가 금상첨화
하회탈을 걸어놓은 듯 화장하는 내내 거울 속에서 수줍게 웃고 있다

흰색 깃 옆은 환타색 원피스에 꽃을 든 아름다운 여인
가장 행복한 마지막 여행을 기념하는 사진이 될 수도 있어
주연 배우 어머니를 중심으로 진종일 빵빵 터지는 함박웃음
선명한 액자 속 오늘은 더 이상 새지 않는 추억으로 꽉 잡아준다

문신 같은 이름

이름은 누구나 지니고 있는 문신 같은 부적
의학이 발달하지 못한 옛날에는 신생아의 사망을 막기 위해
똥순이 개똥이로 천한 아명을 걸어 누구도 탐내지 못하도록 했다

배냇 이름을 부르며 건강하고 튼튼하길 바라는 간절한 태교와
이름이 의미하는 대로 살아가도록 본명에 예명까지 붙이기도
성인이 되면 나를 표현하는 호를 새기기도 한다

30년을 살아온 딸은 느닷없이
타인이 더 많이 불러주는 주술 같은 이름을 탓하며
작명소에서 부적 같은 이름 몇 가지 받았으나
그동안 진하게 박힌 문신을 지우고 다시 새기는 고통과
얼굴을 바꾸는 성형수술처럼 낯설은 모양이다

어느 암환자의 고백

시베리아발 북서풍 성난 칼바람에
길게 자란 고드름 툭, 떨어져 댕강댕강 부러지고
유리처럼 차가운 하늘 쨍그랑쨍그랑 깨지듯
통증은 예고 없이 찾아오는 불청객이다
힘들고 어려울 때 반갑고 위로가 되는 친구였으면
좋으련만
친구 중 가장 모질고도 얄궂은 친구란다

이젠 찰거머리 같은 통증을 떨칠 기력도 없다
통증이란 친구와 마주 앉았다
차 한 잔 나누고 음악을 듣고 책을 읽기도 한다
눈 맞추어 바라보고 들여다보고
어루만져 주기도 기다려 주기도 한다
그렇게 하룻밤을 함께 지내보니
사나흘도 함께 지낼 수도 있었단다

통증과 친구가 되어 함께 놀아 주었더니
통증, 알고 보니
나를 뼛속까지 사랑하는 친구 중 친구란다

어느 말기암 환자의 죽음

어느 말기암 환자의 사전연명의료의향서 장기기증 등
준비된 의롭고 숭고한 죽음 앞이지만
고통을 즉각적으로 해결해주지 않는다는
호통과 노여움을 가득 품고 사경을 헤맨다

죽음의 문턱을 넘는 순간
하늘도 위로 하듯 하루 종일 폭우가 흘러 넘친다
꺼이꺼이 살아온 가족들의 슬픔은 바다에 푹 잠기고
곁에서 잠깐 지켜본 내 마음도 흠뻑 젖는다

좋은 의사? 나쁜 의사?

- 이제 더 이상 쓸 항암제가 없습니다 호스피스를 준비하시는 것이 좋겠습니다
의사는 물론 환자나 보호자는 모두 고개를 떨구고 한 칸 침대를 가린 커튼 속은 말을 잃은 채 적막만 흐른다

- 이제 더 이상 쓸 항암제가 없지만 이거라도 써 봅시다
의사의 당당한 목소리는 하늘에서 내려오는 생명의 빛으로 둔갑하고 환자와 보호자는 두 손을 합장하고 머리가 땅에 닿는다

무소식이 희소식?

자취 중인 아들에 이어
달그락 잘그락
함께 지내던 딸도
독립선언

무소식이 희소식이라지만
어쩌다 전화 연결이 안 되면
노심초사 오매불망
오만 걱정이 시작된다

별일이 있는 건 아닌지
밥은 잘 먹는지
아픈 데는 없는지
늦잠으로 지각은 안 하는지

수신기로 목소리만 들어도
안심이 되는 반색의 소리
- 잘 지내지?
- 별일은 없지?
- 밥은 잘 먹어라
- 그래 그래

인턴사원 아들의 살아남기

학교를 졸업한 아들, 부모 용돈 줄은 끝나고
월세 전기세 관리비 식비까지 모든 것 충당하기에
인턴 월급으로 살아남기 빡빡한 현실일 텐데
부족해도 절대로 돈이 필요하다고 말하지 않는다(엄청 기특)

그. 러. 나.
- 혹시 어머니 다니시는 미용실 예약해 주실 수 있나요?
- 혹시 단백질 가루가 비싸던데 택배 주문 가능한가요?
묻지도 따지지도 않고 더 필요한 것은 없는지 묻는다

역시 엄마가 최고지? 이것도 올 시월까지만 할 수 있는 거야 이후에는 엄마도 정년퇴직이니 정식으로 돈 벌면 엄마에게 네가 받았던 용돈처럼 아낌없이 챙겨주고 필요한 물건이 있으면 택배 배달도 잊지 말아야 한다

간호사여

눈부신 흰옷을 입은 천사들이여
마음을 담아서 간호의 길을 걷네
아픈 이들의 곁에 서서 위로하며
사랑과 희망을 전하는 숭고한 사명

밤낮없이 수고하는 우리들은
누구보다도 따뜻한 마음을 지녔네
아픈 이들의 고통을 함께 나누며
공감과 격려로 소중한 치유의 손길

때로는 눈물을 흘리며 아픔을 나누고
때로는 웃음 지으며 희망을 심어 주네
간호사의 손길은 마치 마법처럼
아픈 이들을 일으켜 세상으로 보내네

간호사여, 우리들은 진정한 영웅
사랑과 헌신으로 세상을 밝게 비추며
건강과 행복을 선물하는 우리들에게
감사와 존경을 담아 이 시를 바치네

간호사는

간호사는
환자의 고통에 함께 뛰는 전인간호로
투약은 물론 검사나 수술의 모든 치료적 접근까지
모든 일정에 안전하고 완벽한
초관리 매니저

간호사, 내 딸

직업소개 시간에 새생명 탄생을 돕는 영상을 보고 온 딸
엄마가 다니는 병원에서 호스피스에 대해 알게 된 딸
생명의 신비와 인간 존엄에 대한 깊은 공감은
그때부터 간호사

대학입학 원서는 수능성적을 기준으로
다양한 과에 넣었으나 최종 간호학과로 결정하니
모두 간호학과를 지망하지 않았음을 아쉬워하는
그때도 간호사

생명을 다루는 간호사의 책임에 대한 두려움은
배우는 과정도 긴장된 험난한 여정
주사기로 약을 재는 손끝은 사시나무처럼 떨리는
지금부터 간호사

어떠한 실수도 용납될 수 없기에
어떠한 긴장을 늦출 수 없는 생명의 현장
아차 순간에 발생된 끔찍한 안전사고
내 생명으로 대치될 수만 있다면 하는 아찔함에도
다시금 간호사

내 생명처럼 소중한 누군가의 삶에
건강한 돌봄을 위한 전인간호로
몸과 마음은 물론 영적 회복까지 헤아리게 되는
진정한 간호사

허허로움

친구 따라 쇼핑간 딸은 이 옷 저 옷 대보고
가방도 들어보고 메어보며 '이거 어때'를 연거푸 읊어대니
옆에서 지켜본 친구는 '너 비슷한 거 있잖아'라고 말하며
'너 혼자 쇼핑 가면 다 사고 싶어서 어쩌냐' 하니
'혼자 가면 못 참고 사지'
'비슷한 거 계속 사대면 엄마는 뭐라시니?'
'당연히 한마디 듣지'
…
'네가 요즘 허하구나' 친구가 한 말을 그대로 전한다

엄마도 배고플 때 장 보면 안되겠더라
카트에는 당장 곯은 배를 채우듯 온갖 잡동사니까지
심리적 허기를 달래느라 계산대 물건만
힘겹게 담더라

시를 요리하는 생선구이 집

- The 구어

남편과 함께 생선구이 집에 갔다
- 여기 시집이 있네요
남편은 나보다 더 반갑게 빈 테이블에 놓여있는
시집 중 정상미 시인의 시집을 들추어 본다
- 가져가서 보시고 아무 때나 주세요

시인 친구를 둔 생선구이 식당 아주머니
손님이 뜸한 시간이면 시를 굽고 요리한다
더 구어야 할 생선을 덜 굽더라도
친구가 낸 시집이라고 자랑스러움 듬뿍 두르고
탱글탱글 촉촉하고도 은밀한 흰 속살 내보이도록
더 구어 비린내는 날리고 노릿노릿하다

나도 시집을 내면 친구 같은 남편이
이렇게 자랑스러움 가득하겠지?
- 제 아내가 시인입니다
- 첫 시집인데 읽어 보세요

유경화 시집 해설

이순耳順, 제2의 인생을 맞이한 사유의 깊이

— 유경화 시집 『시작』을 중심으로

허형만 시인, 목포대 명예교수

1.

유경화 시인은 간호사로 37년간 재직하고 이순을 맞아 정년퇴임을 하면서 시인으로 등단함과 동시에 첫 시집을 출간한다. 제2의 인생이 새로 시작된 셈이다. 시인은 말한다. "시작(始作)은 시작(詩作)이다. 시작(詩作)을 시작(始作)하니 시작(詩作)하길 정말 잘했다."라고. 일반적으로 평생을 직장생활에 매달리다 막상 정년퇴임을 하면 무얼 할까 고민하면서 제2의 인생을 설계하느라 정신이 없는데 유경화 시인은 이미 정년을 앞두고 시 쓰는 일을 제2의 삶으로 결정하고 시 창작에 매진해 왔다. 그러니까 등단 훨씬 전부터 이미 많은 작품을 써왔음을 이번 시집에서 보여주고 있는 셈이다. 타고난 시적 감수성으로 간호사라는 생업과 시 쓰는 일을 병행하면서 막상 나이 육십에 이르러 정년퇴임까지 하게 되는 시인의 심정은 어떨까?

나의 37년간 직장생활은 신호등도 없는
오로지 주어진 목적지를 향한 추월차선을 넘나드는 직진 고속도로
유일하게 오른쪽으로만 샐 수 있는 달콤한 탈출구에는
휴양지보다 더 많은 인파 속 줄서기와 떡볶이 오뎅 감자구이
그리고 시원한 냉커피 한 잔뿐

나의 정년퇴직은 내 인생의 38번 길
발길 닿는 곳이 목적지가 되고
시간에 구애받지도 않고 속도를 늦추니 찾아가는 맛집과
따뜻한 커피 한 잔처럼 모락모락 향기의 여유로움과
곳곳에 서 있는 오랜 친구 같은 신호등

빨강불이 켜지면 멈춰야 할 시간이다
그 자리에 서서는 무언가를 기다려야 한다
노랑불이 깜빡이면 짧지만 매우 중요한 순간으로
다시 움직일 준비를 해야 할 시간이다
초록불이 켜지면 미래를 향한 길을 열어가리라

–「내 인생의 38번 길」 전문

유경화 시인은 자신의 지난 37년간의 직장생활을 "신호등도 없는/ 오로지 주어진 목적지를 향한 추월차선을 넘나드는 직진 고속도로"에 비유한다. 그만큼 앞만 보고 쉼 없이 달려왔다는 의미다. 그 결과 맞이한 정년퇴직. 시인에게 정년퇴직은 새로운 인생이 시작되는 "38번 길"이라고 명명한다. 이제야 비로소 "발길 닿는 곳이 목적지가 되고" "시간에 구애받지 않고" "따뜻한 커피 한 잔처럼 모락모락 향기

의 여유로움"을 느낀다. 이제부터는 앞으로 나아가는 길에 신호등의 색깔에 따라 운행하면 된다.

시인의 정년퇴직 준비는 하루하루가 마지막을 사는 연습으로 알고 "떠난 자리가 따뜻한 사랑이길/ 떠난 자리가 그리운 이별이길/ 떠난 자리가 깔끔히 정리되길/ 떠난 자리에 아름다운 꽃이 피어나길"(「마지막을 사는 연습」) 소망하는 것으로부터 시작한다. 이 얼마나 아름다운가? 정년퇴직을 준비하면서 시인은 감사하고, 사랑하고, 용서 바라는 마음을 남은 자들에게 보내는 것도 잊지 않는다. 그리고 "시를 배우고 쓰고, 수영, 걷기, 모임과 숲길 탐방 동호회, 우쿨렐레와 찬양 등/ 오늘도 자와타네오 섬을 꿈꾸며"(「정년퇴직-쇼생크 탈출」) 사람들과 만난다.

불혹에도
세상일에 정신을 빼앗겨
이리저리 흔들리더니

지천명에도
하늘의 뜻을 헤아리지 못하고
나의 계획대로 밀어붙였으니

이순에는
모든 말을 객관적으로 듣고
사사로운 감정에 얽매이지 않기를

자신의 마음 안에 침묵으로 머물고
타인의 마음 안에 이해와
세상의 마음 안에 이치를 깨달아
하늘의 마음 닮아가리

-「이순에는」 전문

유경화 시인이 자신의 삶을 일목요연하게 정리한 시다. 사십 대 때는 "세상일에 빼앗겨/ 이리저리 흔들"렸다. 불혹不惑은 불혹지년不惑之年, 불혹지세不惑之歲와도 같은 뜻으로 무엇을 당해도 망설이지 않는 나이를 말한다. 그런데 그 나이 사십 때를 돌이켜 보니 그렇지 못했다는 말이다. 그러면 오십 대 때는? 나이 오십을 지천명知天命이라고 함은 하늘의 뜻을 알게 된 나이라는 뜻인데 "하늘의 뜻을 헤아리지 못하고/ 나의 계획대로 밀어붙였"다. 그래서 이제 나이 육십이 되어서는 공자가 말하는 이순耳順이니 "모든 말을 객관적으로 듣고/ 사사로운 감정에 얽매이지" 않기를 바란다. 나아가 "자신의 마음 안에 침묵으로 머물고/ 타인의 마음 안에 이해와/ 세상의 마음 안에 이치를 깨달아/ 하늘의 마음"을 닮아갈 것을 다짐한다. 이순을 맞이하는 새로운 각오인 셈이다.

이러한 이순을 맞이하는 각오는 이순이 되는 갑진년 새해 아침에 올리는 간절한 기도 속에 잘 녹아 있다. 그 기도는 "새해 아침에는/ 붉게 타오르는 여의주를 입에 물고/ 거친 파도를 가르며 힘차게 날아오르는 청룡의 기운과/ 티 없이 맑은 하늘마음 가득 채우리라"(「새해 아침에는」)는, 소망으로 충일하다. 또한 집 안의 먼지를 두 무릎 꿇고 쓸어내고 닦아내는 대청소를 하면서도 "60년 동안 쌓인 내 영혼의 묵은 먼지는/ 무엇으로 쓸어내고 닦아내야/ 영롱한 하늘마음으로 빛날 수 있을까?"(「영롱한 하늘마음」) 성찰한다.

한편, 나이 육십이 되어 정년퇴임을 하면서 시인의 가슴에 자리 잡은 단어 하나는 '쉼'이다. "인생의 가을/ 이제는/ 열정의 온도를 낮추고/ 뭉근히/ 뜸 들여야 깊어지는 나이"(「뜸 들이기」)임을 인식한 시인은 "60 환갑이 찍어준 쉼표에/ 뒤따라오는 영혼도 챙기고/ 함께하는 이웃도 살피며/ 살아가는 선한 삶/ 천천히 숨 한번 고르며/ 깊게 생각하고 말하고/ 묵묵히 행동하는/ 모든 것을 품은 쉼표"(「쉼표」) 하나에 "꼬리 흔드는 강아지풀/ 상대방의 마음"(「쉼표 하나에」)이 보이고 이웃이 보이고 감사가 보인다면서 쉼표가 곧 평화이며 축복임을 깨닫는다.

2.

유경화 시인은 가톨릭대학교 간호대학 간호학 박사이다. 그리고 37년간 간호사로 헌신했다. "중환자를 돌보며 삼교대는 밤낮도 이웃도 없었다/ 오로지 집과 병원/ 쉬는 날이면 그냥 쉬거나 여행을 한다/ 이후 병원에서 간호사를 교육하는 수간호사로 10년/ 의료계 서비스가 대두된 시기에/ 의료인의 친절 교육을 책임지는 원내 강사로 10여 년"(「이웃을 선물해준 보리」)을 보냈다. 어느 날 양수리로 놀러 간 날 후배가 "언니는 내년이 정년퇴직인데 뭐 준비해요?" 하고 물으니 시인은 "간호 이야기를 시로 표현해 보고 싶다"(「중년 여인들 2 -민들레꽃」)고 했다. 그러니 어찌 병원 이야기가 빠질 수 있겠는가?

시베리아발 북서풍 성난 칼바람에
길게 자란 고드름 툭, 떨어져 댕강댕강 부러지고
유리처럼 차가운 하늘 쨍그랑쨍그랑 깨지듯
통증은 예고 없이 찾아오는 불청객이다
힘들고 어려울 때 반갑고 위로가 되는 친구였으면 좋으련만
친구 중 가장 모질고도 얄궂은 친구란다

이젠 찰거머리 같은 통증을 떨칠 기력도 없다
통증이란 친구와 마주 앉았다
차 한 잔 나누고 음악을 듣고 책을 읽기도 한다
눈 맞추어 바라보고 들여다보고
어루만져 주기도 기다려 주기도 한다
그렇게 하룻밤을 함께 지내보니
사나흘도 함께 지낼 수도 있었단다

통증과 친구가 되어 함께 놀아 주었더니
통증, 알고 보니
나를 뼛속까지 사랑하는 친구 중 친구란다

–「어느 암환자의 고백」 전문

시인의 병원 이야기 중 하나, 어느 암환자의 고백이다. 암환자에게 "통증은 예고 없이 찾아오는 불청객"이다. 그 불청객 통증은 마치 "시베리아 북서풍 성난 칼바람에/ 길게 자란 고드름 툭, 떨어져 댕강댕강 부러지고/ 유리처럼 차가운 하늘 쨍그랑쨍그랑 깨지듯" 고통스럽다. 이 통증은 힘들고 어려울 때 반갑고 위로가 되는 친구가 아니라 "가장 모질고도 얄궂은 친구"이다.

찰거머리 같은 통증을 떨칠 기력이 없는 암환자는 오히려 "통증이란 친구와 마주 앉아" "차 한 잔 나누고 음악을 듣고 책을 읽기도" 하면서 그 통증이란 친구와 "하룻밤을 함께 지내보니/ 사나흘도 함께 지낼 수" 있었다고 고백한다. 이 암환자의 고백은 통증을 괴로워하면서 한사코 떨치려 하면 더 고통스러우니 차라리 통증과 친구가 되어 숙명처럼 함께 하는 것이 오히려 통증을 이기는 힘이 된다는 고백인 셈이다. 시인은 이와 같은 암환자의 고백을 들어주기도 하지만 때로는 말기암 환자가 죽어가는 순간을 "곁에서 잠깐"(「어느 말기암 환자의 죽음」) 지켜보기도 한다.

또한 신경과 접수창구에서 벌어진 상황은 참으로 리얼하다. 그 상황은 이렇다.

- 성함과 생년월일을 말씀해주시겠습니까?
  금일 접수자 명단에 없는데 다시 한번 확인하겠습니다.
- 오늘이 20일 아닌가요?
- 오늘은 13일입니다.
- 어쩐지 치매약이 좀 남았다 했네.
  으째쓰까?
  정신이 점점 없어지네.

위 인용시는 「나이 듦」이란 시의 부분이다. 신경과 접수창구에서 간호사와 나이 드신 노인과의 대화, 그리고 그 노인이 자책하며 홀로 힘없이 돌아서는 뒷모습과 나이 듦의 쓸쓸함으로 술렁이는 분위기까지, 시인은 시적 감수성으로 예민하게 표현한다.

그런가 하면, 위의 예와는 달리 똑똑한 치매 환자 이야기도 있다. 치매 환자에게 공단 직원이 인정조사차 병원을 방문하는 날이다. 오늘은 너무 똑똑하게 말하지 않아도 된다고 단단히 일렀건만, 공단 직원이 "집 주소도 묻고 가족들 이름도 묻고/ 마트에서 물건 사고 계산하는 셈 질문에/ 퀴즈대회라도 하듯 순발력 넘치는 100점"(「똑똑한 치매」) 받은 치매 할머니도 있다.

병원은 호랑이 두어 마리쯤 잠복이라도 된 듯
누구에게나 공포와 두려움으로 절대 즐겁지 않은 곳이다
소아 환아에게는 특히 감출 수 없는 무서움을 달래기 위해
놀이동산처럼 꾸미고 커튼에는 예쁜 곰돌이 그림까지
그러나 병원에 가득히 채워진 팡팡 터지는 와이파이에
아이들은 허락된 불량식품을 먹듯 달콤한 유혹에 즐겁다

보이지 않는 와이파이는 아마 산소인 듯
와이파이를 벗어나면 단 하루도 살 수 없다
와이파이를 벗어나면 엄지손가락도 멈춘다

그러나 나는
당신 존재가 온전히 녹아 흐르는 와이파이
그 안에서 당신과 대화하고
그 안에서 당신의 사랑을 배우고
그 안에서 당신의 감사를 나누며
끊이지 않는 무제한 와이파이 안에서
언제나 그렇게 살고 싶다

–「와이파이」 전문

소아 환아들은 누구나 병원을 싫어하고 무서워한다. 그 애들에게 "병원은 호랑이 두어 마리쯤 잠복이라도 된 듯/ 누구에게나 공포와 두려움으로 절대 즐겁지 않은 곳"이다. 그래서 병원은 소아 환아들이 안심하고 병원에 올 수 있도록 신경을 쓰지 않을 수 없을 터. 그 대표적인 경우가 "감출 수 없는 무서움을 달래기 위해" "놀이동산처럼 꾸미고 커튼

에는 예쁜 곰돌이 그림까지" 꾸며 놓는다. 그런데 막상 소아 환아들이 병원에 오면 이와 같은 꾸며 놓은 것에는 별반 신경을 쓰지 않는다. 그 대신 "병원에 가득 채워진 팡팡 터지는 와이파이에/ 아이들은 허락된 불량식품을 먹듯 달콤한 유혹", 즉 핸드폰 보는 재미에 젖으며 즐거워한다.

소아 환아들에게 와이파이가 아마도 "산소인 듯", 시인도 간호사로서 "당신 존재가 온전히 녹아 흐르는 와이파이/ 그 안에서 당신과 대화하고/ 그 안에서 당신의 사랑을 배우고/ 그 안에서 당신의 감사를 나누며/ 끊이지 않는 무제한 와이파이 안에서/ 언제나 그렇게 살고 싶다"고 말한다. 간호사는 환자와 한마음일 때 제대로 보살필 수 있기 때문이다. 간호사는 과연 누구인가? 간호사로 37년을 봉사한 유경화 시인은 말한다. "간호사는/ 환자의 고통에 함께 뛰는 전인간호로/ 투약은 물론 검사나 수술의 모든 치료적 접근까지/ 모든 일정에 안전하고 완벽한/ 초관리 매니저"(「간호사는」)가 곧 간호사라고. 그래서 시인으로서 간호사로서 다음과 같은 간호사를 위한 헌시를 바친다.

눈부신 흰옷을 입은 천사들이여
마음을 담아서 간호의 길을 걷네
아픈 이들의 곁에 서서 위로하며
사랑과 희망을 전하는 숭고한 사명

밤낮없이 수고하는 우리들은
누구보다도 따뜻한 마음을 지녔네
아픈 이들의 고통을 함께 나누며
공감과 격려로 소중한 치유의 손길

때로는 눈물을 흘리며 아픔을 나누고
때로는 웃음 지으며 희망을 심어 주네
간호사의 손길은 마치 마법처럼
아픈 이들을 일으켜 세상으로 보내네

간호사여, 우리들은 진정한 영웅
사랑과 헌신으로 세상을 밝게 비추며
건강과 행복을 선물하는 우리들에게
감사와 존경을 담아 이 시를 바치네

—「간호사여」 전문

3.

유경화 시인은 앞에서 밝혔듯 『착각의시학』 2024년 봄호 신인상에 「당산나무 같은 어머니」 「고욤나무」 「시 낚시」 등 3편이 당선되어 등단했다. 그런데 이번 첫 시집을 출간하기 위해 보내온 작품들을 보고 언제 이렇게 많은 작품을 썼는지 놀라지 않을 수 없었다. 그러니까 유경화 시인의 등단은 그냥 열 편 정도 쓴 것 중에서 당선된 것이 아니라 이 시집 한 권 분량의 시를 끊임없이 써 온 결과라는 점에서 유경화 시인에게 시는 이제 본격적인 삶이 되었다. 〈시인의 말〉에서 말한다. "시작(詩作)하길 잘했다. 그동안 가족과 동료 이웃과 함께 살아온 소중한 삶에 감사를 담은 꾸준한 시작(詩作)으로 아름다운 꽃에 나비가 춤추고 무성한 나무에 새가 노래하는 축제의 삶을 꿈꾸어 본다"라고. 그렇다. 마르셀 레몽의 "시는 무엇보다 먼저 우선 살고 존재하는 하나의 방식, 세련될 수도 있지만, 우선은 자연발생적인 하나의 방식"이란 말에 동의하지 않을 수 없다.

어둠이 깊어지는 이 밤에
나는 혼자서도 괜찮다고 생각해
달빛이 내린 거리를 거닐며
달빛이 전하는 말 듣고 싶어

가로등 아래 나무 그늘에 앉아
바람이 전하는 말에 귀 기울여
마음속에 피어난 감정들을
글로 풀어내고 싶어

사랑의 노래 부르며
슬픔의 눈물을 닦아내며
이 밤을 나만의 언어로
영원히 간직하고 싶어

어둠이 깊어지는 이 밤에
나는 시인이 되어보고 싶어
깊은 속 마음 밤새 길어내어

나만의 노래로 전하고 싶어

―「사랑의 노래」 전문

유경화 시인의 시를 향한 간절함이 잘 드러난 작품이다. 어둠이 깊어지는 달밤을 혼자 거닐며 "혼자서도 괜찮다고 생각"한다. 왜냐면 "달빛이 전하는 말을 듣고" 싶기 때문이다. 또한 가로등 아래 나무 그늘에 앉아서도 "바람이 전하는 말에 귀 기울여/ 마음속에 피어난 감정들을/ 글로 풀어내고 싶어" 한다. 그리하여 이 밤을 "사랑의 노래 부르며" "나만의 언어로/ 영원히 간직하고 싶어" 한다. 마침내 "깊은 속 마음 밤새 길어내어/ 나만의 노래로" 전하는 시인이 되고 싶은 마음을 간절하게 드러낸다. 이토록 간절한 마음으로 자기만의 시간 속에 사유하며 감각의 교감交感을 놓치지 않았기에 결국 시인이 되었다. 〈시인의 말〉에서처럼 환갑을 맞이한 나이에 정년퇴직과 함께 새로운 시작始作은 새로운 시작詩作으로 이어질 수 있음을 보여준다.

이제 새로운 시작詩作은 시에 미치는 것에서부터 출발한다. 유경화 시인이 시에 미친 모습을 단적으로 보여주는 좋은 시 한 편이 여기 있다. 한사코 설명이 필요 없다. 함께 보자.

두꺼운 얼음을 깨고

그 속의 미동도 알 수 없는
깜깜한 어둠에
미끼 하나 던져 놓고
줄의 감각만을 느끼며
기다리고 기다린다

추위와 싸움
인내와의 싸움
외로운 싸움
.
.
.
시어 하나 걸렸다

「시 낚시」 전문이다. 이만하면 유경화 시인은 시를 낚는 조사釣師로서의 자격이 충분하지 않은가? "시어 하나 걸렸다"는 이 감동적인 행위는 진정으로 시를 사랑하고 시에 미치지 않은 사람은 그 기쁨의 환희를 느끼지 못한다. 이 기쁨의 환희는 한겨울 추위와 인내로 외로운 싸움을 견디면서 "두꺼운 얼음을 깨고/ 그 속의 미동도 알 수 없는/ 깜깜한 어둠"이라는 시인의 내면 깊숙이 "미끼 하나 던져 놓고/ 줄의 감각만을 느끼며/ 기다리고 기다린" 끝에 마침내 맛보는 손맛이다. "인간의 가장 내면적인 감정들보다 더 내면적인 생명과 호흡은 인간의 우울증과 열광과 회한과 희망의 산 법칙"이라던 베르그송의 말을 떠올리게 하는 이 기막

힌 시에 대한 사랑, 시에 대한 삼매경三昧境은 이미 신인이 아니다.

실제로 유경화 시인이 시에 대한 사랑을 구체적으로 보여주는 작품이 「짝사랑」이다. "시를 만나고부터/ 시와 사랑에 빠졌나 봐요/ 아침에 일어나도/ 밥을 먹으면서도/ 출근을 하면서도/ 지하철을 타고 이동 중에도/ 시간만 나면 보고 싶고/ 잠들 때도 함께 잠들어요". 「짝사랑」 3연 중 1연이다. 아울러 「꽃이 된 검정 글씨」에서 시를 쓰느라 "정성껏 올려진 검정 글씨들은" "마법 같은 풍경으로 한 폭의 수채화"가 되고, "오래된 액자 속 빛바랜 한 장의 사진"이 되고, "살아 숨 쉬는 생명 되어 마음속 깊이 영적인 교감으로 꽃 핀다"고 한다. 시에 대한 사랑이 이 정도이면 유경화 시인에게 우리는 앞으로 좋은 작품을 기대해도 되리라.

그 기대감은 「챗봇과 시인의 만남」에서 나름대로의 시에 대한 확신과 믿음이 공고해진다. 챗봇chatbot은 문자나 음성으로 사용자와 대화를 나눌 수 있도록 시스템이 구현된 컴퓨터 프로그램 또는 인공지능을 말한다. 이어 AI 기술을 적용한 챗봇의 경우 복잡한 질문에도 응답할 수 있고 자기 학습도 가능해 다양한 서비스 제공이 가능하다. 따라서 "몇 날 시상을 떠올리고 적당한 단어와 표현을 고심하던 시인도/ 챗봇에게 말만 하면 순식간에 뚝딱 제시해준다니/ 앞으로 시인이 설 자리는 어디가 될까?" 고민하는 시인은 "그럼에도" 시인이 쓰는 시에 대한 진정한 믿음을 더 신뢰한다. 왜냐하면, "시인은 사랑과 공감의 세계에서/ 시인은 창의력과 상상력과 풍부한 경험으로/ 시인은 인간의 마음을 따뜻하게 지피는/ 생명의 불쏘시개가 되어" 줄 것이기 때문이다.

4.

유경화 시인은 여행을 좋아한다. 시 「이웃을 선물해준 보리」에 보면, 간호사로서 틀에 박힌 병원 생활이기에 "빈틈없이 완벽해야 했고/ 친절까지 몸소 실천하여 배워야 했고/ 상위 학위 취득 등 꾸준한 자기개발은/ 집과 병원일 수밖에" 없다. "중환자를 돌보며 삼교대는 밤낮도 이웃도" 없이 오로지 집과 병원이다. 그러나, "쉬는 날이면 그냥 쉬거나 여행을 한다". 아마도 매주 금요일이면 중년 여인들 모임이 있는 날인가 보다. 중년 여인들이 불타는 마음으로 모여 "지지난 주는 폭포동 개천길을 따라/ 지난주는 한옥마을 지나 진관사/ 이번 주는 은평성모병원 뒤 영봉산/ 다음 주는 구파발성당 뒤 이말산/ 다다음 주는 북한산 둘레길"(「중년 여인들 1 -불타는 금요일」), 그리고 "진달래, 개나리, 벚꽃이 한창 좋은 계절/ 봄 처녀 마음은 봄 끝자락이라도 잡으러/ 경의선 상춘객 인파 속 경춘가도를”(「중년 여인들 2 -민들레꽃」) 달릴 만큼 쉬는 날을 여행으로 즐긴다.

키르키스스탄 알틴 아라샨의 트레킹
저 멀리 천산에 쌓인 만년설이 얼마나 녹는지
큰 바위에 이리저리 부딪히며 콸콸 흐르며 뿜어주는
음이온을 시원하게 마시며 우리는 투박한 길에 오른다

계곡 오른쪽엔 완만하지만 척박한 금광 돌무더기 틈새
넓은 초원에 방목된 소들이 한가로이 풀을 뜯으며
에델바이스 등 각종 야생화와 입 맞추고 알콩달콩 사랑을
나누다 지나가는 우리네를 보고 반갑게 웃어준다

왼쪽 비탈진 기슭엔 빼곡히 키 자랑하며 쭉쭉 뻗어
천산과 꼬옥 손잡고 인사하는 웅장한 가문비나무숲
키가 작으면 죽는다 폭설은 때로 스키장을 방불케 한다
무너진 가문비나무, 마치 단단하지 못한 내 시 같아 아리다

-「가문비나무」 전문

유경화 시인은 중앙아시아의 스위스라 불리는 키르키스스탄, 정식 국호로는 키르키즈공화국의 알탄 아라샨 트레킹을 갔다. 알탄 아라샨은 한국인들이 가장 많이 찾는 곳이다. “저 멀리 천산에 쌓인 만년설이 얼마나 녹는지” 트레킹 코스의 계곡이 “콸콸 흐르며 뿜어”준다. 아마도 지구온난

화로 인한 기후 변화로 텐트 모양의 설산, 팔라트키 고봉도 녹아 흐르는가 보다.

시인은 이곳 계곡 오른쪽 "넓은 초원에 방목된 소들이 한가로이 풀을 뜯으며/ 에델바이스 등 각종 야생화와 입 맞추"는 소 떼를 만나고, 계곡 왼쪽 비탈진 기슭에서는 "빼곡히 키 자랑하며 쭉쭉" 뻗은 가문비나무 숲을 만난다. 이 계곡은 폭설이 내리는 날은 마치 스키장을 방불케 하여 키 작은 가문비나무는 살아남지 못한다. 이곳에서 시인은 쭉쭉 뻗어 오르지 못한 채 "무너진 가문비나무"를 발견하고, "마치 단단하지 못한 내 시 같아 아리다"고 성찰한다.

키르키스스탄 트레킹에서 자신의 시에 대해 성찰하듯, 여행은 정신적인 관점에서 단순히 공간을 경과한다는 의미가 아니라 현실적인 여행과 움직임의 심층에서 새로운 세계를 발견하고 자신의 삶을 변화시키려는 격렬한 욕망을 상징한다고 이승훈 교수는 말한 바 있다. 「한용운 생가 터에서」도 "님의 목소리는 바람 타고 먼 곳에서 들려"옴을 느끼는 시인은 만해 한용운의 시 '님의 침묵'을 떠올리며 "푸른 산빛을 깨치고 간 님의 침묵은 나를 깨웁니다" "오동잎을 떨어지게 한 것은 누구의 운명입니까?" 하며, 만해의 시심과 하나 되는 자신을 보여준다.

이 외에도 시인은 강원도 용늪, 서천, 춘천, 울릉도 봉래폭포, 독도, 부산, 화양계곡, 주문도 등을 여행하면서 참된 자아의 발전, 혹은 진보의 정신을 시로 표출한다.

동네 한 바퀴를 돌고 돌아도
무언가 알아차리기 쉽지 않은 수리 조선소길
공사 현장의 산업안전망이 연상되는 길
철근도 녹아 내릴듯한 뜨거운 여름 한낮
무거운 쇠 철문이 빼꼼히 열린 틈새로
수리되고 있는 태산같이 거대한 선박

그 앞에서 아주 작아 보이는 나의 존재에
한없이 겸손해지는 깡깡깡 울림

동네 한 바퀴를 걷고 걸어도
무언가 알아차리기 쉽지 않은 깡깡이 예술마을
흰머리가 희끗희끗한 회색빛 아파트 측면부에 가득 찬
핸드릭 바이키르의 작품 〈우리 모두의 어머니〉는
거대한 선박에 너덜해진 페인트나 조개껍데기를 떼어내던
깊은 주름만큼 오랜 세월 마을을 지켜온 어머니이시다

그 앞에서 존경스런 어머니의 존재에
한없이 숙연해지는 깡깡깡 울림

–「깡깡깡 울림」 전문

부산 영도에는 '깡깡이 예술마을'이 있다. 19세기 말 우리나라 근대적 조선소가 세워진 이후 1970~80년대 수리 조선으로 번성하던 곳이다. 마을 이름인 '깡깡이'는 수리 조선소에 배가 들어오면 망치로 배의 밑바닥에 붙은 녹과 조개류를 떼어내는 작업을 할 때 깡깡 소리가 난다 해서 붙여진 것이다.

시인은 "철근도 녹아내릴 듯한 뜨거운 여름 한낮", 이 동네를 한 바퀴 돌면서 "무거운 쇠 철문이 빼꼼히 열린 틈새로/ 수리되고 있는 태산같이 거대한 선박"을 본다. 지금 수리 중이라 "깡깡깡" 울리는 소리와 거대한 선박을 본 시인은 자신의 존재가 얼마나 작아 보이는지를 깨닫고 "한없이 겸손해지는 깡깡깡 울림"이라고 표현한다. 나아가 예술마을을 돌아보다가 발견한 아파트 측면 전체에 그려진 그림, 즉 "거대한 선박에 너덜해진 페인트나 조개껍데기를 떼어내던" 아지매 초상화를 〈우리 모두의 어머니〉라는 이름으로 그린 핸드릭 바이키르의 작품을 보며, "그 앞에서 존경스런 어머니의 존재에 한없이 숙연"해진다.

그래서일까, 시인은 부산에 대해 "부산은 바다가 부르는 노래, 산이 전하는 소망으로/ 전쟁이 가져다준 가난과 상처, 삶의 애환까지도/ 고스란히 품어준 민족의 어머니,/ 어머니의 젖가슴 같은 도시"라고 칭송하고, 울릉도 유일한 봉래폭포에 가서는 "식수원으로 쓰고도 남아 다시 바다로 내어주는/ 시원하게 쏟아지는 풍요의 젖 줄기/ 어머니의 냄새가 흘러 넘친다"(「봉래폭포」)고 노래한다.

한편, 충남 서천 바닷가에서는 "자연의 선율에 귀 기울이니/ 바람, 물, 생명들이 속삭이는 소리/ 그 모든 것을 아우르고 나눔이 있는 곳/ 가슴 가득 평화와 희망의 울림"(「서천 바닷가와 도요새」)이 인다고, 그때의 감동을 표현하고, 강원도 춘천의 호반은 "아름다운 그곳/ 선물 같은 내 삶의 한 점, 쉼표"(「춘천의 호반」)이며, 충북 괴산의 화양구곡에서는 "큰 바위 빗겨 굽이굽이 파곶(巴串)으로 흐르는 구곡은/ 고루암 허리 한 번 휘휘 감고 시 한 수 읊고 쉬어 간다"(「무릉도원」)며, 제1곡 경천벽에서 제9곡 파곶에 이르는 화양구곡에서 조선 중기 우암 송시열 선생이 머무르며 제자들을 가르쳤던 당시를 떠올리게 한다.